Barbara A

Fensterbilder
Strand und Meer

Viele weitere Fensterbilder-Bücher sind im FALKEN Verlag erschienen.
Lassen Sie sich im Buchhandel oder im Bastelgeschäft beraten!

Die Deutsche Bibliothek – CIP-Einheitsaufnahme

Alex, Barbara:
Fensterbilder Strand und Meer / Barbara Alex. –
Niedernhausen/Ts. : FALKEN, 1993
  (Schönes Hobby)
  ISBN 3-8068-5266-9
NE: HST

ISBN 3 8068 5266 9

© 1993 by Falken-Verlag GmbH, 6272 Niedernhausen/Ts.
Die Verwertung der Texte und Bilder, auch auszugsweise, ist ohne Zustimmung des Verlags urheberrechtswidrig und strafbar. Dies gilt auch für Vervielfältigungen, Übersetzungen, Mikroverfilmung und für die Verarbeitung mit elektronischen Systemen.
Titelbild: Michael Zorn, Wiesbaden
Fotos: Michael Zorn, Wiesbaden
Reinzeichnung des Vorlagebogens: Ulrike Hoffmann, Bodenheim.
Redaktion: Elke Thoms
Herstellung: Jürgen Domke
Die Ratschläge in diesem Buch sind von der Autorin und vom Verlag sorgfältig erwogen und geprüft, dennoch kann eine Garantie nicht übernommen werden. Eine Haftung der Autorin bzw. des Verlags und seiner Beauftragten für Personen-, Sach- und Vermögensschäden ist ausgeschlossen.
Satz: Fotosatz Boberg, Taunusstein-Wehen
Druck: Mairs Graphische Betriebe GmbH, Ostfildern (Kemnat)

817 2635 4453 6271

INHALT

Ein Fensterbild entsteht ———————————— 4

  – Material ———————————————————— 4

  – Werkzeug und Unterlage ——————— 5

  – Übertragen ——————————————————— 6

  – Schneiden ——————————————————— 6

  – Aufhängen ——————————————————— 7

Fensterbildergalerie ——————————————— 8

EIN FENSTERBILD ENTSTEHT

Bei diesen Meer- und Strandmotiven handelt es sich um einteilige runde Fensterbilder mit klaren Formen und Linien. Im Raum hängend erhalten sie eine plastische Wirkung, wenn der äußere Ring sich frei um das Motiv dreht und nicht durch Stege mit dem Innenteil fest verbunden ist. Diese Wirkung tritt noch stärker hervor, wenn das Motiv und der Ring in zwei verschiedenen Farben gearbeitet sind. Fertigen Sie Ihr Fensterbild dafür gleich zweimal an, und tauschen Sie Motivteil und Ring einfach aus, nachdem Sie die Stege entfernt haben.

MATERIAL Tonkarton (300g/m²) in den gewünschten Farben eignet sich am besten zum Schneiden von Fensterbildern, auch größere können damit formbeständig hergestellt werden. Falls Sie allerdings ein Motiv größer arbeiten möchten als durch die Vorlage festgelegt ist, empfehle ich Ihnen, zur Erhaltung der Stabilität den Karton doppelt zu legen und

zusammenzukleben. Zum Übertragen der Vorlagen benötigen Sie Pergament- oder besser Architektenpapier. Um das Fensterbild aufzuhängen, brauchen Sie noch einen farblich passenden Faden.

WERKZEUG UND UNTERLAGE

Als Werkzeug benötigen Sie ein Papiermesser (Cutter) mit auswechselbarer oder abbrechbarer Klinge, eine große und eine kleine spitze Schere, einen Radiergummi, zwei Bleistifte (hart: 2H oder HB und weich: B oder 2B), einen Anspitzer, einen Zirkel und eine Nadel. Eventuell brauchen Sie noch ein Lineal, möglichst aus Metall, zum Schneiden langer gerader Linien. Das gesamte Werkzeug müßten Sie in einem Bastelgeschäft oder auch in einem gutsortierten Fachgeschäft für Bürobedarf erhalten.
Als Schneideunterlage empfehle ich Ihnen eine nicht zu dünne Glasscheibe, da sich diese für das Arbeiten mit dem Cutter als besonders geeignet erwiesen hat. Ihr Glaser schneidet Ihnen bestimmt eine zu. In Fachgeschäften gibt es auch Spezialunterlagen zum Schneiden. Holz oder Pappe sind als Unterlage nicht geeignet, da das Zerschneiden der Oberfläche das Arbeiten erschwert.

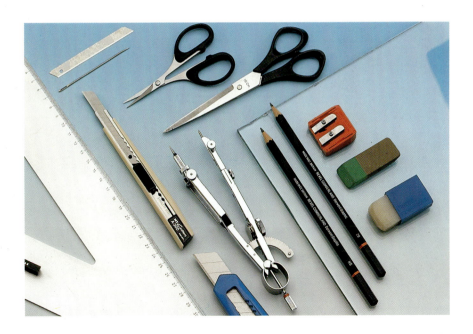

ÜBERTRAGEN Nehmen Sie den Vorlagebogen zur Hand und legen Sie das Architektenpapier (oder das Pergamentpapier) auf das von Ihnen gewählte Fensterbildmotiv. Zeichnen Sie mit einem weichen Bleistift die Konturen nach. Nun drehen Sie das Architektenpapier um und legen es auf Tonkarton in der gewünschten Farbe. Mit einem harten Bleistift zeichnen Sie die Linien nach, so daß sie auf den Tonkarton übertragen werden.

Das Motiv vom Vorlagebogen mit weichem Bleistift auf Architektenpapier übertragen

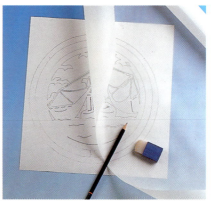

Architektenpapier umdrehen und die Linien mit hartem Bleistift auf Tonkarton übertragen

SCHNEIDEN Mit einer stets scharfen Klinge (bei Bedarf zwischendurch erneuern) wird das Fensterbild nun geschnitten. Arbeiten Sie dabei immer von innen nach außen und vom Feinen zum Groben, um die Festigkeit des Tonkartonrandes so lange wie möglich zu erhalten.
Rundungen schneiden Sie mit stehendem Messer, das heißt, Sie drehen den Tonkarton beim Schneidevorgang und setzen das Messer nicht ab. Bei Ecken immer an der Spitze ansetzen.
Den äußeren Rand können Sie auch mit einer großen Schere schneiden und für die Innenflächen eine kleine spitze Schere nehmen. Ich empfehle Ihnen jedoch, weitgehend einen Cutter zu benutzen. Auch wenn Sie im Umgang mit dem Cutter noch nicht so geschickt sind, werden Sie schon nach kurzer Zeit feststellen, daß Sie damit sauberer und sicherer arbeiten können.

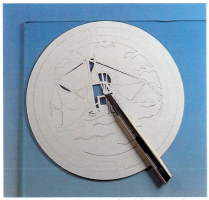 

Schneiden Sie zuerst die kleinen Flächen und Linien in der Mitte des Motivs aus

Schneiden Sie weiter von innen nach außen, von den feinen zu den groben Flächen

Mit einem farblich passenden Faden, den Sie mit einer Nadel durch den äußeren Bildrand ziehen, hängen Sie Ihr Fensterbild auf. Nun brauchen Sie nur noch etwas Geduld. Beginnen Sie mit den leichteren Motiven, und Sie werden schon bald den gewünschten Erfolg haben. Räumen Sie sich auf jeden Fall etwas Übungszeit ein, denn es ist bekanntlich noch kein Meister vom Himmel gefallen.

AUFHÄNGEN

Soll der äußere Ring lose um das Motiv hängen, werden die beiden Stege entfernt und die Ringe statt dessen mit einem Faden verbunden. Um die plastische Wirkung zu verstärken, schneiden Sie den Ring in einer anderen Farbe zu

FENSTERBILDERGALERIE

QUALLE

Die Qualle ist ein gallertartiges Gebilde, das in einen Schirm und viele lange Fangarme gegliedert ist. Sie gehört zum Plankton des offenen Meeres

Dieses filigrane Motiv zu schneiden sieht schwieriger aus, als es ist. Sie beginnen am Schirm der Qualle und arbeiten sich Schnitt für Schnitt an das Ende der Fangarme heran.

Dabei achten Sie darauf, daß Sie erst alle kleinen Flächen herausgelöst haben, bevor Sie die Spitzen ausschneiden. Zuletzt wird die einzige größere Fläche neben dem Schirm der Qualle herausgearbeitet

KRABBEN-KUTTER

Krabbenkutter auf der Heimfahrt: Die Netze werden durch das Wasser gezogen und anschließend vom Fahrtwind getrocknet. Mitziehende Silbermöwen erbeuten die Restfische aus den Netzen

Am Beispiel dieses Motives wird die Herstellung eines Fensterbildes auf den Seiten 6 und 7 Schritt für Schritt genau erklärt.

Besonders wichtig: immer von innen nach außen arbeiten

SCHALUPPE

Die Schaluppe, ein nostalgisches Fischerboot, ist ein kleines einmastiges Segelschiff. Sie ist ein Vorläufer der heutigen Fischkutter. Der Fischfang mit Schaluppen stellte für einen Großteil der Bevölkerung die Existenzgrundlage dar

Zunächst arbeiten Sie den Mast, anschließend die Segel, den Bootskörper, die Wellen und als letztes den äußeren Rand heraus

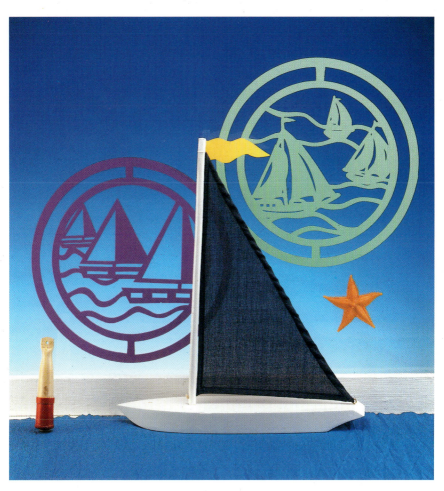

Der Segelsport gehört wie der Wind, die Wellen und das Rauschen der Brandung zum Erleben des Meeres dazu. Segeln an der Küste wird zu einer Erfahrung mit dem Element Wasser.

Beginnen Sie bei beiden Fensterbildern mit den Innenflächen der Segel. Nun folgen die Wellenausschnitte und ganz zum Schluß der Außenring.

Das Motiv mit den vielen geraden Linien ist gut für Anfänger geeignet

SEGELBOOTE

SURFER

Die Brandungszone unmittelbar vor den Inseln ist besonders gut zum Wellenreiten geeignet. Auf dem Meer dahingleitende farbenfrohe Surfer sind ein optischer Genuß

Arbeiten Sie zunächst die inneren Linien der Segel heraus, und schneiden Sie anschließend die Wellen von unten nach oben

Bei diesen Fensterbildern handelt es sich um kleinere Motive. Die einfache und klare Linienführung macht es möglich, daß auch Anfänger diese Bilder leicht herstellen können. Sie wirken in unterschiedlicher Höhe aufgehängt sehr dekorativ. Auch hier sollten Sie wieder von innen nach außen arbeiten

FLIEGENDE MÖWE,

RASTENDES MÖWENPAAR,

KLEINES SEGELBOOT

KÜSTENSEE-SCHWALBEN

Die Küstenseeschwalbe hat einen schwarzen Kopf und weißes Gefieder. Sie ist ein geselliges Tier und brütet gemeinsam mit anderen Seeschwalbenarten in Kolonien. Dadurch ist der gemeinsame Nachwuchs besser geschützt, insbesondere gegen die räuberischen Möwen. Zuerst schneiden Sie alle Linien im Körper nach, dann die unterhalb der Düne. Erst zum Schluß die fliegenden Möwen herausarbeiten

FÄHRSCHIFF

Fährschiffe sind oft die einzige Verbindung zwischen den Inseln und dem Festland

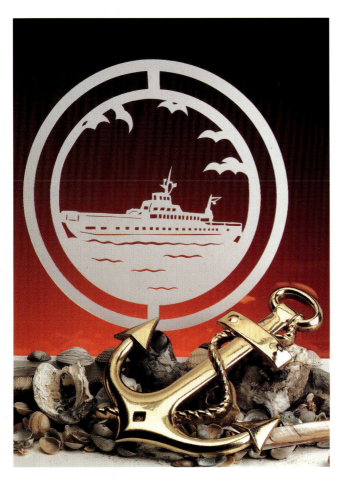

Bei diesem Motiv werden zunächst alle Fenster und auch die feinen Linien des Schiffes ganz vorsichtig herausgeschnitten.

Nun folgen die Wellen und ganz zum Schluß die große Fläche mit den Möwen. Dann erst wird der äußere Ring geschnitten

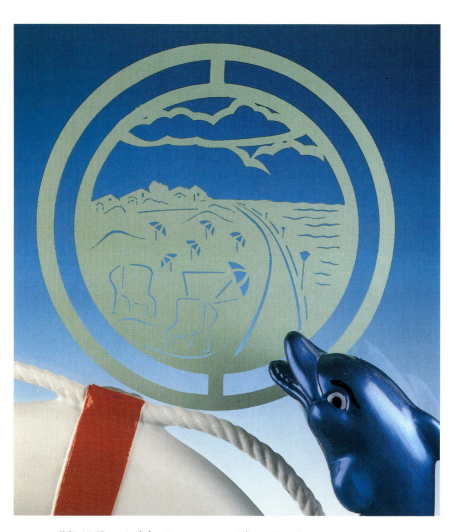

STRAND Auf der Promenade herrscht das rege Treiben flanierender und sonnenbadender Sommergäste.

Dieses Fensterbild beginnen Sie mit den feinen innenliegenden Linien. Die nächsten Schritte sind der Himmel und der äußere Ring

BOJE

Bojen sind Fahrwassermarkierungen für die Schiffe

Schneiden Sie zunächst alle Innenteile der Boje heraus, dann die Flächen zwischen den Wellen.

Wenn Sie die große Fläche oberhalb der Boje ausschneiden, beginnen Sie bei den Möwen

STRANDCAFÉ

Direkt am Meer, zwischen West- und Nordstrand der Insel Norderney liegt das historische Strandcafé Marienhöhe. Hier dichtete Heinrich Heine unter anderem das Lied „Am Meer", das von Franz Schubert vertont wurde. Der herrliche Ausblick auf das weite Meer zieht damals wie heute die Freunde der Nordsee an

Als erstes werden die Linien des Weges, der Büsche und der Wellen herausgearbeitet. Nun folgen die Fenster und zuletzt der Himmel mit den Wolken

WINDMÜHLE

Windmühle „Selden Rüst" auf Norderney ist eine von wenigen Windmühlen, die auf den der Nordseeküste vorgelagerten Inseln anzutreffen sind. Heute befindet sich in dem sehr gut erhaltenen Gebäude eine urgemütliche ostfriesische Teestube

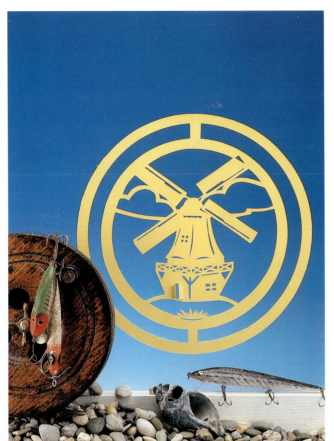

Beachten Sie bei diesem Motiv unbedingt die Grundregeln, von innen nach außen und vom Feinen zum Groben zu arbeiten. Zuerst die Linien und Flächen innerhalb des Gebäudes, dann die Linien in den Flügeln herausarbeiten. Als nächstes schneiden Sie die Innenflächen der Wolken heraus und dann die restlichen Flächen und den äußeren Ring

SEEZEICHEN

Das Kap ist ein 1870 errichtetes Tagesseezeichen. An dem nach unten gerichteten hölzernen Dreieck erkannten die Seeleute, daß sie an der Insel Norderney vorbeifuhren

Auch bei diesem Motiv arbeiten Sie von innen nach außen. Aufgrund der klaren Linienführung ist dieses Motiv auch für Anfänger geeignet. Soll der äußere Ring lose um das Motiv hängen, entfernen Sie die Stege und verbinden Motiv und Ring mit einem farblich passenden Faden (siehe auch Schritt-für-Schritt-Anleitung)

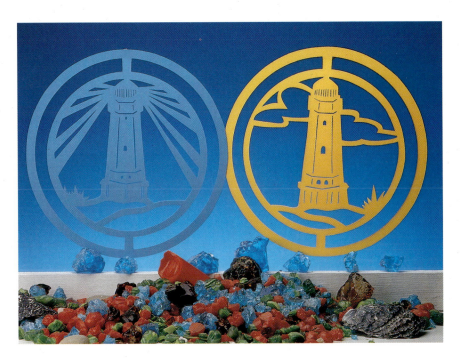

Motiv für dieses Fensterbild ist der 54 Meter hohe Leuchtturm von Norderney, der 1874 erbaut wurde. 253 Stufen führen auf seine Aussichtsplattform. Das Leuchtfeuer dieses Seezeichens ist bis zu 21 Seemeilen entfernt als Orientierungspunkt für die Schiffahrt zu erkennen. Bei Dunkelheit am Fuß des alten Leuchtturmes zu stehen ist ein unbeschreibliches Erlebnis.

Alle feinen Linien im Leuchtturm werden zuerst herausgeschnitten. Es folgen die Innenausschnitte der Wolken beziehungsweise die Lichtstrahlen und schließlich alle übrigen Flächen

LEUCHTTURM

SIGNALMAST Die Georgshöhe ist eine am Nordstrand von Norderney gelegene Aussichtsdüne mit einem hohen, aber massiven Antennenmast, der bis 1981 eine bedeutende Signalstation war. Die wichtigste Regel ist auch hier wieder: Schneiden Sie von innen nach außen

STRAND-KÖRBE

Im Strandkorb dem Wellenschlag des Meeres zu lauschen ist Balsam für die Seele

Schneiden Sie die Innenmotive dieses Fensterbildes **in der Detailfolge Strandkörbe,** **Dünen mit Gräsern und Möwen aus**

SÄBEL-SCHNÄBLER

Der Säbelschnäbler ist ein ungewöhnlicher und zugleich anmutiger Vogel. Mit seinen langen graublauen Beinen und dem nach oben gebogenen langen Schnabel, mit dem er das Watt durchsäbelt, stellt er ein interessantes Beobachtungsobjekt für Ornithologen dar.
Beginnen Sie zunächst damit, die kleinen Felder im Vogelkörper herauszuarbeiten, dann die Beine, den Schnabel und die Konturen. Als letztes werden die Außenringe geschnitten

AUSTERN-FISCHER

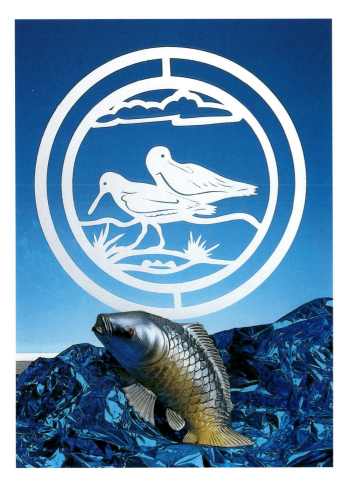

Der Austernfischer prägt ebenso wie die Möwe den Charakter der Küste und der Inseln

Beim Schneiden dieses Fensterbildes beachten Sie bitte die

Bearbeitungshinweise für den Säbelschnäbler (Seite 24)

BRACHVÖGEL

Der Brachvogel ist ein auf den Inseln eher seltener als auf dem Festland vorkommender stelzenbeiniger Vertreter seiner Gattung. Im Gegensatz zum Säbelschnäbler ist sein Schnabel abwärts gebogen

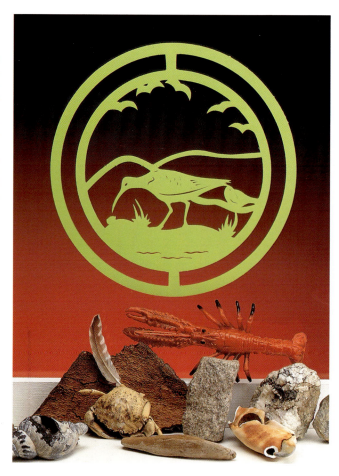

Das Brachvogelmotiv arbeiten Sie ebenso wie das des Säbelschnäblers (Seite 24) heraus

Die Brandgans wird oft auch als Brandente bezeichnet, da sie Merkmale beider Arten aufweist.

Bei diesem Motiv achten Sie darauf, daß zunächst die Flächen in den Körpern und anschließend die Konturen der Vögel sowie der Düne herausgearbeitet werden

BRANDGÄNSE

SEEHUNDE Seehunde sprechen jedermann an. Ihr freundliches und possierliches Aussehen weckt bei uns viel Sympathie. Zuerst werden die feinen Linien im Seehundkörper sorgfältig ausgeschnitten, dann alle anderen Flächen

DALBE MIT MÖWE

Auf Dalben sitzende Möwen sind charakteristisch für die Küste und ihre Hafenanlagen. Die in den Boden gerammten Holzpfähle dienen zum Befestigen von Schiffen, aber auch als Fahrwasserbegrenzung sind sie, zudem bevorzugter Rastplatz für Möwen

Beginnen Sie mit dem Auge und dem feinen Strich im Kopf der Möwe. Nun werden die beiden Flächen im Körper und im Flügel herausgeschnitten. Es folgen die Linien in den Dalben, die Wellen und dann die großen Flächen und der Ring

MUSCHELN   Muscheln sind Meeresweichtiere mit doppelseitigen, meist symmetrischen Schalen. Sie filtern das Wasser und nehmen dabei die festen Sinkstoffe auf.

Beim Herstellen dieses Fensterbildes schneiden Sie zuerst alle Innenflächen aus den Muscheln heraus. Dann gehen Sie wie bei allen anderen Motiven von innen nach außen vor

NORDSEE

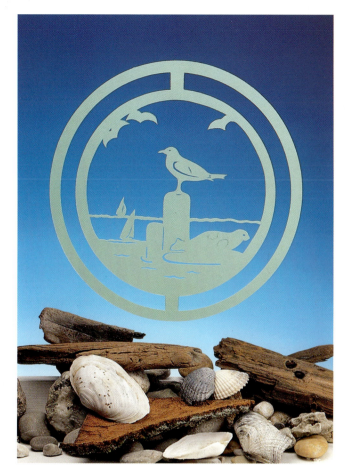

Viele Menschen lieben die Nordsee: Der Strand, das Meer und die Inseln bieten die Möglichkeit, sich zu entspannen und zu erholen. Dafür muß die Nordsee gesund sein, ein gesunder Lebensraum für Einheimische und Sommergäste, für Tiere und Pflanzen

Beginnen Sie das Schneiden mit den innenliegenden feinen Linien. Nun arbeiten Sie die Konturen der Wellen, des Seehundes, der Segelschiffe und der Möwe heraus. Der Rand wird wie immer erst ganz zum Schluß geschnitten

SCHÖNES HOBBY

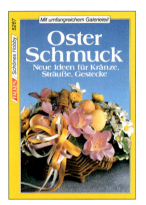

ISBN: 3-8068-**5267**-7

ISBN: 3-8068-**5262**-6

ISBN: 3-8068-**5263**-4

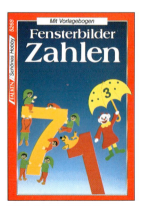

ISBN: 3-8068-**5268**-5

ISBN: 3-8068-**5266**-9